Antonio Mira de Amescua

Nardo Antonio, bandolero

Edición de Vern Williamsen

Créditos

Título original: Nardo Antonio, bandolero.

© 2024, Red ediciones S.L.

e-mail: info@linkgua.com

Diseño de cubierta: Michel Mallard.

ISBN rústica: 978-84-9816-110-6.
ISBN ebook: 978-84-9897-587-1.

Cualquier forma de reproducción, distribución, comunicación pública o transformación de esta obra solo puede ser realizada con la autorización de sus titulares, salvo excepción prevista por la ley. Diríjase a CEDRO (Centro Español de Derechos Reprográficos, www.cedro.org) si necesita fotocopiar, escanear o hacer copias digitales de algún fragmento de esta obra.

Sumario

Créditos _____ **4**

Brevísima presentación _____ **7**
   La vida _____ 7

Personajes _____ **8**

Jornada primera _____ **9**

Jornada segunda _____ **49**

Jornada tercera _____ **85**

Libros a la carta _____ **121**

Brevísima presentación

La vida

Antonio Mira de Amescua (Guadix, Granada, c. 1574-1644). España. De familia noble, estudió teología en Guadix y Granada, mezclando su sacerdocio con su dedicación a la literatura. Estuvo en Nápoles al servicio del conde de Lemos y luego vivió en Madrid, donde participó en justas poéticas y fiestas cortesanas.

Personajes

El conde de Miranda
Nardo Antonio
Leonarda
Ricardo, su padre viejo
Gerardo, barón
Laura
Leonelo, soldado
Batistela, soldado
Roselo, soldado
Timbrio, soldado
Otro Soldado
Liseno, pastor
Un Capitán español
Leonido
Valerio
Lisardo, cortesano
Morón, gracioso
Montilla, bandolero
Tres bandoleros
Julia, criada
Pedro Talla
Beltrán, villano
Pascual, villano
Martín, villano
Celia
Floro
Rufino, mercader
Ibáñez

Jornada primera

(Suena música y salen Batistela, Leonelo, [Roselo] y Timbrio, soldados.)

Roselo ¡Bravo recibimiento!

Leonelo ¡Generoso!

Batistela De Nápoles su esfuerzo acreditado,
que al conde de Miranda valeroso
muestra, en festín general [celebrado].
Puede llamarse el reino venturoso
con tal virrey, que a fuer de buen soldado,
hoy ha honrado con premios la milicia
mezclando la piedad con tal justicia.

Leonelo A aquesta sala viene.

Batistela Aquí veremos
más espacio el valor de su presencia,
a quien tan grande amor los más debemos,
claros indicios de su real clemencia;
y al buen amigo Nardo aguardaremos
en este puesto.

Roselo Alcanza su presencia
de valeroso Alcides testimonio.

Leonelo Es la flor de este reino Nardo Antonio.

(Sale el conde de Miranda y acompañamiento.)

Conde Estoy como admirado, agradecido,
familia noble, de admirar festines,

y de haber cuidadosa prevenido
burlas a mayo con mentir jardines.
Parece que Amaltea, en el lucido
espacio de claveles y jazmines,
porque dure de Nápoles la fama,
copia fragante con amor derrama.
   El mar, la tierra, a toda priesa mueven
dulce armonía, aquélla tremolando
banderolas al aire, a quien se atreven
lisonjeros bullicios, caminando;
sobre estotras, de fuego estrellas llueven,
que hasta el cielo al principio van volando
y después en los vientos desatadas
bajan del cielo al suelo despeñadas.
   Pedazos arrancados de los vientos,
menuda arena, castigados, huellan,
y de airosos veloces movimientos,
descubiertas tal vez las piedras mellan.
Al freno humildes, al clarín atentos,
presumiendo poder, la tierra sellan,
y en cada asiento del compás menudo
de sus armas estampan un escudo.
   Todo mueve a deleite, todo admira,
el mar del humo forma nubes densas,
oscura niebla que al caño respira,
paran las aves al rumor suspensas;
y como cuando el Sol al mar retira
hermosas luces, de temor defensas,
recelando tinieblas y temores,
así buscan el miedo entre las flores.

(Sale Liseno.)

Liseno   Ricardo viejo, y el barón Gerardo,

	para hablarte, señor, piden licencia.
Conde	Ya con los brazos a los dos aguardo.

(Salen Ricardo y Gerardo.)

Gerardo	Los pies nos mande dar vuestra excelencia.
Conde	Los brazos recibid, llegad, Ricardo.
Ricardo	¡Príncipe heroico!
Gerardo	¡Señoril presencia!
Conde	Sillas para los tres.
Ricardo	¡Honroso intento!
Conde	Dejadnos solos.
Gerardo	¡Español aliento!
Conde	Decid lo que queréis.

Ricardo
   Invicto conde,
poner en vuestras manos mi nobleza.
Defensa pido de mi honor, que adonde
guarda esta joya mujeril belleza
pocas veces honrosa corresponde,
y más habiendo con honor pobreza.
Ésta, señor, me tiene deslucido,
poniendo en tronco noble eterno olvido.
  Dióme el cielo una hija que Gerardo
honrar pretende en tálamo amoroso,

que aunque es la propia sangre de Ricardo
hízole su riqueza más dichoso.
   Por esto con su mano honrar aguardo
lustre que llame aliento poderoso,
que acobarda al más noble la pobreza
aunque al Sol se aventaje la nobleza.
   Pero amor, envidioso de mis dichas,
cegó, atrevido, la deidad más bella,
porque borrando las grandezas dichas,
pierda el honor, que me guardaba en ella;
si bien no son tan ciertas mis desdichas,
si el poder de un virrey las atropella,
que no llegó de honor al rompimiento
quien pretende tan alto casamiento.
   Los dos conformes, enlazar quisieron
nobleza y humildad, pero advertido
dije que si, cuando a mi honor pidieron
aquel estrecho lazo prevenido
temor fue que mis canas previnieron,
porque el mozo, señor, es atrevido,
y aunque humilde, valiente, por quien goza
desenvuelta amistad de gente moza.
   Pedíle por entonces, con engaños,
que el fin de sus deseos dilatase,
fingiendo en mi Leonarda breves años,
y la palabra que le di guardase;
previniendo con esto, que mis daños
brazo robusto a tiempo remediase
sin dar parte a mis deudos que sería
hacer mayor esta desgracia mía.
   Partióse de mi casa satisfecho
de la palabra que yo le di en tanto
quise apagar las ansias de mi pecho,
templando sus congojas con mi llanto;

                por el raudal de aquel cristal deshecho,
                risa fingí con el hermoso encanto
                en quien mi honor su presunción apoya,
                horror oscuro de luciente joya.
                El mozo en la marcial caballería
                ejercita sus fuerzas deseando
                aquel felice y venturoso día
                su honor con mi palabra acrecentando;
                pero llegó para ventura mía
                vueselencia a este reino a quien besando
                los pies, suplico que mi honor defienda,
                para que Nardo Antonio no le ofenda.
                Que de Gerardo, la familia honrada,
                y con mis deudos, que al valor exceden,
                defenderán con belicosa espada
                que acciones bajas mi nobleza enreden;
                si vos, en ocasión tan apretada,
                no procuráis que divid[id]os queden
                estos lazos de amor que tan sutiles
                manchan noblezas con personas viles.

Gerardo   Vueselencia, señor, acreditando
                la parte que Ricardo le suplica,
                su honor defienda, su nobleza honrando
                con el valor que a todos comunica;
                pues los intentos nuestros estorbando
                imprudente rigor, la paz aplica,
                que si no, toda Italia admirara
                de la venganza que su honor tomara.
                No porque ha habido mancha, en que pretenda
                un desigual tan alto casamiento,
                mas porque castigado, Nardo entienda
                su altivo arrogante pensamiento;
                que no es razón que un hombre vil defienda

          injusto de su amor atrevimiento
diciendo que le culpa la palabra
quien en diamantes su nobleza labra.
          Si un viejo se la dio, fue de cobarde
al valor de un mancebo tan esquivo,
si un mozo se la diera, fuera alarde
y aliento superior mostrarse altivo;
mas cuando llega a su valor tan tarde,
júzguele muerto, no le llame vivo,
y así el rigor con que el casarme impide
a edad pequeña la palabra pide.
          Estos daños, señor, estos rigores,
como vuestra excelencia se lo mande,
gustos serán y perderán temores,
reconocidos a merced tan grande;
prosiga vueselencia sus favores,
que el brazo noble no es razón que ande
gastando en tosco ingenio heroico estilo
ni con espada vil midiendo el filo.

Conde   Haré cuanto pudiere por serviros,
si bien promete el caso resistencia,
si la palabra que llegó a pediros,
le disteis vos, aunque alegáis violencia;
bien podéis sin cuidado despediros
que yo prometo con mayor prudencia
deshacer este lazo, interponiendo
mi autoridad, y su valor venciendo.
          ¡Lisardo!

(Sale Lisardo.)

Lisardo   ¿Señor?

Conde	A los soldados preguntaréis por Nardo Antonio. Id luego y decid que entre a verme.

(Vase Lisardo.)

Ricardo	Mis cuidados con tal favor admitirán sosiego.
Conde	Los dos en ese cuarto retirados esperaréis.
Gerardo	A ver mis dichas llego.
Ricardo	Dame tus pies, señor.
Conde	Alzad, Ricardo.
Ricardo	De ti el remedio de mi honor aguardo.

(Vanse. Sale Lisardo.)

Lisardo	De Nardo Antonio ha venido un criado suyo afuera. Que venga a palacio espera, despejado y atrevido.
Conde	Decid que entre, y en llegando Nardo Antonio, me avisad.
Lisardo	Su excelencia os llama, entrad.

(Sale Morón.)

Morón (Aparte.)   (Llego a vuestros pies temblando.)

Conde   Salíos afuera.

(Vase Lisardo.)

Morón (Aparte.)   (A mí
me manda el conde pringar.)

Conde   ¿De dónde sois?

Morón   De un lugar
que está muy lejos de aquí.

Conde   ¿Sois español?

Morón   ¿No lo ve
vueselencia en el despejo
y en lo adusto del pellejo?

Conde   Decís bien. No lo miré.
¿De qué tierra sois?

Morón   Manchego.

Conde   ¿Y cómo os llamáis?

Morón   Morón.

Conde   ¿Valiente?

Morón   Soy un Nerón
si de cólera me ciego.
Un aduar de gitanos

	allá en mi tierra quemé, y por eso me llamé Nerón. Tengo buenas manos.
Conde	¿Y servís?
Morón	A Nardo Antonio.
Conde	¿Es valiente?
Morón	¡Pesia [a] tal! Es un varón inmortal. Yo solo gran testimonio de sus pendencias he dado.
Conde	¿Le ayudáis?
Morón	No, mi señor, para contarlas mejor las miro desde un tejado.
Conde	¿No es mejor hallarse en ellas?
Morón	Ni tan bueno. Yo, señor, soy piadoso en el rigor y si participo de ellas por no matar al contrario vuelvo la espalda y camino.
Conde	¡Gran valor!
Morón	Soy peregrino si bien cuando es necesario —¡Pesia a tal!— soy un Demonio.

>   Mas, dejando mi valor,
> ¿qué es lo que queréis, señor?

Conde
>   Saber quién es Nardo Antonio.

Morón
>   Ninguno sabe su historia,
> como el que tenéis presente,
> que tengo de ella en la frente
> un librillo de memoria.
>   A su padre conocí
> mejor que al que me parió.
> Fue buen zapatero, y yo
> de su aprendiz le serví,
>   aunque anda cierta opinión
> que su valor desanima,
> que no lo fue de obra prima
> sino gentil remendón.
>   El mozo ha salido honrado.
> Quísole mucho su madre.
> No quiso ayudar al padre
> por inclinarse a soldado.
>   Dará por un español
> el alma.

Conde
>   ¿Tanto los quiere?

Morón
> Por esta nación se muere.
> En fin son rayos del Sol.
>   Es bien quisto y es valiente.
> Gasta muy poca parola,
> es muy diestro de la sola
> aunque se muestra prudente.
>   Murió la madre y el padre,
> y la hacienda que quedó

          con amigos la gastó.
          Sí, por vida de mi madre.
            Témenle sus enemigos,
          aunque son pocos, señor,
          y aumenta más su valor
          el tener muchos amigos.
            Los nobles, con otro intento,
          le muestran ceño cruel
          por haber notado en él
          tan humilde nacimiento.
            Al fin dilató su fama
          y amor se la aficionó
          y de Nápoles les dio
          a la más hermosa dama.
            Así tiene en la memoria
          que el padre de la doncella
          ha de casarle con ella
          con que da fin esta historia.

Conde   Huélgome de haberla oído.

(Sale Lisardo.)

Lisardo   Nardo Antonio está aquí fuera.

Conde   Decid que entre. Afuera espera.

Morón   No me doy por despedido.

(Vase. Sale Nardo Antonio, de soldado muy bizarro.)

Nardo   Déme los pies, vueselencia.

Conde   Tomad, Antonio, los brazos.

Nardo	En el cielo de estos brazos, ¿me dais, gran señor, licencia para atreverme a decir que en cierta ocasión me honréis?
Conde	Si vos, Nardo Antonio, hacéis lo que yo os quiero pedir.
Nardo	Yo haré lo que me pidáis, y aunque aventure mi honor, os doy palabra, señor.
Conde	Mirad bien qué me la dais.
Nardo	Sí, señor.
Conde	Pues os la doy de hacerlo también. Pedí.

Nardo	Ya, señor, dichoso fui.
	Ya mudé el ser de quien soy
	  con esa palabra. Pido
	ya que licencia me dais
	que mi padrino seáis.
	Dejaréisme ennoblecido.
	  Hacedme tan gran favor,
	pues con general agrado
	soy a España aficionado
	de quien aprendo valor.
	  Ya conocéis a Ricardo,
	aunque pobre, con honor.
	Éste es mi suegro, señor.
	Confieso que me acobardo

          viendo que humilde nací;
          y luego a ser tan dichoso
          mostróse Amor poderoso
          y a tanto cielo subí.
          Tengo algunos enemigos
          que me quisieran quitar
          esta gloria a dar lugar
          el valor de mis amigos.
          Pero como vos me honréis,
          podré decir con verdad
          que levantáis mi humildad
          y que igual al Sol me hacéis.

Conde   Nardo, una cosa decís
          con que en dudas me dejáis,
          si he de pedir que no hagáis
          eso mismo que pedís.
          Y os di palabra de hacer
          todo lo que habéis pedido,
          pero el daño conocido
          es muy fácil de romper.
          Mejor es que me cumpláis
          lo que yo de vos recibo,
          pues con ésta quedáis vivo,
          con ésa muerto quedáis.
          Hoy se casa con Gerardo
          la que por mujer tenéis,
          y así pido que olvidéis
          la palabra de Ricardo.
          Ser desiguales los dos
          esta mudanza ha causado,
          no porque no es muy honrado
          el valor que vive en vos.
          Todo Nápoles está

dispuesto para mataros
y si queréis apartaros
mil favores os dará.
  Yo prometo de mi parte
premiar vuestra valentía
tanto que envidie algún día
materiales honores Marte.

Nardo   Confuso me habéis dejado
pero bien es advirtáis
que a un hombre honrado quitáis
la opinión de ser honrado.
  Si con cautela, señor,
Ricardo pudo dos años
engañarme, estos engaños
es afrenta de mi honor.
  La palabra prometida
a un hombre honrado, es razón
que se cumpla o su opinión
quedará siempre rompida.
  Si Ricardo noble ha sido,
no pido yo su nobleza;
de Leonarda la belleza,
señor, solamente pido.
  Que no es bien porque celebre
las bodas con el barón
que se pierda mi opinión
ni mi palabra se quiebre.
  No quiero aquí proponer
el amor de tantos años,
aunque son mayores daños
para quien sabe querer.
  Que si solamente amor
en aquesta traza hubiera

	por vos, señor, le perdiera,
	pero hay amor y hay honor.
Conde	Lo que yo os pido no afrenta,
	antes aumenta valor,
	y este género de honor
	queda Antonio por mi cuenta.
	Mirad que soy vuestro amigo,
	y que en hacerlo acertáis.
	Veréis después como dais
	envidia a vuestro enemigo.
	Yo debo, Nardo, estorbar
	los daños que puede haber.
	Yo lo pido, y ha de ser.
Nardo	En todo podéis mandar.
(Aparte.)	(No replicarle es mejor
	porque se puede enojar.
	Yo sabré bien granjear
	lo que pretende mi honor.)
Conde	Mucho me habéis obligado.
Nardo	Pídelo, vuesa excelencia,
	y no ha de haber resistencia.
Conde	Sois valiente, y sois honrado.
	Por mi cuenta queda ya
	el favoreceros, Nardo.
Nardo	Tan grande favor aguardo,
	que como vuestro será.
Conde	Dadme los brazos y adiós.

(Vase.)

Nardo	Mil veces tus plantas beso.
	Que ha habido engaño confieso
	en el trato de los dos.
	    ¿Cautelas a Nardo? El cielo
	mi venganza ha de animar
	y a sus ojos he de dar
	temores a todo el suelo.
	    Será venganza mortal.
	Será rigor atrevido;
	que un hombre honrado ofendido
	es como furia infernal.
	    Amigos tengo obligados
	que defenderme podrán,
	y para esta empresa están
	de mi amistad conjurados.
	    Bien Leonarda me previno
	este suceso, y en ella
	tengo favorable estrella.
	Defenderla determino.
	    De una pretensión forzada,
	aunque Nápoles me ofenda,
	pues para que me defienda
	valor tengo y tengo espada.

(Vase. Sale Leonarda, sola.)

Leonarda	 Con recelo de perder
	salgo a divertir amor,
	si bien aqueste temor
	es bien fácil de vencer.
	    Que, aunque acredita poder

a la mariposa imita
que alentada solicita
cercos burlando a la vela;
mas como a la llama vuelva,
la vida el fuego le quita.
　Lo mismo sucede a amor
en las pretensiones mías.
Gerardo alienta porfías,
desdeña en Nardo el valor;
mas como el suyo es mayor,
cercos de amor se consiente
a este mozo impertinente
que presumido le ciega,
pero guárdele si llega
al honor de Nardo ardiente.
　Pues siendo esto así recelo:
bien es que esto así dejéis,
si en su defensa tenéis,
al más valiente del suelo.
No pudo al temor desuelo
jamás en él, ni admirar
pudo un imposible amar,
antes es tan atrevido
que al Sol de rayos vestido
la luz pretende quitar.
　No es posible que nació
de humildes padres un hombre
que tan levantado nombre
en Nápoles mereció.
¿Qué hice en amarle yo
aunque tan noble nací?
Pero, Amor, despierta. Di
que su valor puede amar,
pues ha llegado a igualar

                la nobleza que hay en mí.
                   Seré suya aunque la vida
                por serlo llegue a [p]erder;
                que si quiere una mujer
                pocas veces en vencida.
                Mostréme al valor tendida,
                no de la gala luciente,
                vencerse mi amor consiente
                aunque el asco en rigor
                no disminuye el valor,
                ni hace cobarde al valiente.

(Salen Morón y Julia, criada.)

Julia	¡Qué te pudiste atrever!
Morón	Aunque el mismo infierno fuera, entrara de esta manera. Mal conoces mi poder.
Leonarda	¿Qué hay, Morón?
Morón	¿Qué puede haber? Celos, desdenes, rigores, ansias, ofensas, temores, y trescientas cosas más que en ese papel verás lleno de dos mil favores.
Leonarda	Ponte, Julia, a la ventana. Mira si mi padre viene. Confusa el papel me tiene.
Morón	Aquesa luz soberana

	desde hoy Gerardo profana.
Leonarda	¿Cómo?
Morón	El papel lo dirá. Abre presto. Ábrele ya.
Leonarda	Con temor rompo la nema.
Morón	¡Ea, pues, qué linda flema! Abre. Acaba. ¿Qué vendrá?

(Lee.)

Leonarda «Leonarda, ya ha llegado el día tan recelado de tu entendimiento. El virrey me ha pedido pierda tus luces bellas. Dile palabra de no pedir la que tu padre me dio con engaño, temiendo su indignación. No fue temor sino cordura. Ya sabes lo que tenemos tratado para cuando llegase la forzosa.
Esta noche dicen que te casas con Gerardo. Engáñanse los que lo dicen. Ignorancias son de mi valor. Yo quedo prevenido y mis amigos. Haz tú lo que sabes; que has de ser mía aunque Nápoles lo estorbe. Adiós.
   Nardo Antonio»

Leonarda	Mayor daño recelaba.
Morón	¿Cómo puede ser mayor?
Leonarda	Temí yo que de mi amor Nardo Antonio se olvidaba; pero mi temor se acaba y en contento se convierte. Ve a Nardo Antonio y advierte esta respuesta no más: que soy suya le dirás

        y que no temo la muerte;
          porque como prevenido
        tuve este infeliz suceso.
        No me espanto del exceso.
        .... [-ido]
        Mi padre y mi honor olvido.
        Hecha está la prevención.
        Suyas mis acciones son.
        Esto en efecto dirás.

Morón   ¿Queda más?

Leonarda   No queda más.

Morón   Pues, adiós.

Julia   Tente, Morón.

Morón   ¿Qué hay de nuevo?

Julia   ¡Mi señor!

Morón   ¿Y quién más?

Julia   Gerardo viene.
        Esconderte te conviene.

Morón   No estoy en mí, de temor.
        Venga un santo escondedor
        y déme el remedio.

Julia   Ven.
        Ten ánimo.

Morón	Está muy bien.
	Cuélgame en la chimenea
	como chorizo.

Julia	Azotea
	tengo donde estés también.
	Pero no, vente a un desván
	que aunque está sucio, está estrecho.

Morón	Hoy no quedo de provecho,
	deshollinarme podrán.

Julia	Anda, pues, que te verán.

(Vanse los dos.)

Leonarda	Finjo risa con Ricardo,
	pues que ya tan presto aguardo
	asegurar mi deseo
	de amor bastante trofeo
	aunque le pese a Gerardo.

(Salen Ricardo y Gerardo.)

Ricardo	Leonarda, hasta aqueste día
	tu ciego amor he sufrido,
	pero el valor que es olvido
	con mi vejez encubría.
	Caduco aliento desvía
	y comunica valor,
	viendo perderse mi honor
	en cuya esperanza vive
	y así noble amor recibe
	y olvida abatido amor.

Nardo Antonio en mi presencia
palabra al virrey ha dado
que olvidando su cuidado
dará fin su resistencia.
Muéstrate con más prudencia
a Gerardo agradecida,
con tu mano le convida.
Vence de amor el poder
porque has de ser su mujer
o te he de quitar la vida.

Gerardo   Leonarda, si en tus rigores
desprecios míos porfías,
serán las desdichas mías
para tu daño mayores.
Verás cubrir de temores
el cielo en oscuro velo,
y verás subir del suelo,
si a ajeno poder te subes,
más claras de fuego nubes
que atemoricen el cielo.
Publicarán mis sentidos
venganzas a sangre y fuego,
si a ver despreciados llego
mis intentos bien nacidos.
Y si los ya divididos
lazos te suspenden tanto,
daré a Nápoles espanto.
No pierdas de honor la joya
que será segunda Troya,
confusión de guerra y llanto.

Leonarda   Si yo resistí, Gerardo,
los extremos de mi amor

defensa fue de mi honor;
por el de tu amor me guardo.
Palabra le dio Ricardo
a Nardo Antonio de ser
la que es tuya su mujer.
Cumplir debe quien la dio,
pero pues él la rompió
ya no tengo que temer.
    Desde mis pequeños años
confieso que le rendí
el alma. Muy necia fui
si considero mis daños;
pero tales desengaños
son premio de un grande amor,
aunque de Nardo al valor
he de ser agradecida,
pues la palabra rompida
abrevia gusto mayor.
    Y así, Gerardo, podrás
aquesta noche venir
adonde puedes decir
que el fin de tu amor verás.
No es bien que dilate más
Nardo Antonio tus trofeos
ni que de amor los empleos
lleguen, Gerardo, tan tarde
y así gano por cobarde
glorias para mi[s] deseo[s].

Gerardo   Deja que bese la tierra
que dichosamente pisas.
Lluevan las estrellas risas
pues cesó de amor la guerra.
El alma tal gusto encierra

                    que la tengo dividida
del cuerpo. Ricardo, olvida
el pesar que te divierte,
que los recelos de muerte
acrecentaron la vida.

Ricardo   De alegre quedo turbado.
Prevén, Gerardo, lo justo
pues a las puertas del gusto
habemos los dos llegado.

Gerardo   Yo me parto confiado
a prevenir bizarrías
con mis deudos, y alegrías.

Ricardo   Yo con los míos te aguardo.

Leonarda   Aquesta noche, Gerardo,
comienzan las dichas mías.

(Vanse y salen Nardo Antonio, Batistela, Pedro Talla y demás bandoleros.)

Nardo   No tengáis ningún recelo
la puerta queda cerrada,
y aquí trataremos cómo
han de empezar mis venganzas.
Ya de los demás amigos
tengo firmas y palabras,
solamente de vosotros
firma y palabra me falta.
Pero yo estoy confiado,
que conozco vuestras almas,
de que moriréis conmigo
vendiendo las vidas caras.

No tiene Nápoles hoy
más valor ni más espadas
que a mi defensa se opongan,
que las que ocupan la sala.
Pues si en nuestra edad florida
no acreditamos hazañas
que den al mundo memoria
y atemoricen la patria,
¿de qué sirven los valores,
de qué las fuerzas bizarras
que en servicio de los reyes
sin ningún premio se acaban?
Más de doscientos amigos
que hoy en Nápoles se hallan,
¿no podemos dar temor
al mundo? Que al mundo basta
atemorizar doscientos
si a mis afectos se igualan.
Acordaos en este reino
del valor de Mateo Jara
que, llamándose rey, puso
dos mil hombres en campaña.
Y si tuviera valor
su poder se dilatara,
pero no hay valor en muchos
si la cabeza desmaya.
Pero yo, pues que me hacéis
dueño de empresa tan alta,
pienso ser en breves días
de los mayores monarcas.
No penséis, amigos míos,
que aquesta empresa me llama
para gozar sin estorbos
los amores de Leonarda;

que, aunque la adoro, no estimo
tanto las estrellas claras
que en breve espacio de cielo
despiden rayos que abrasan,
como de un amigo solo
el valor que le acompaña.
Por todos miro y por todos
hoy mi sangre se derrama.
Abrid las venas del pecho.
Veréis que despiden nácar,
rojo coral, que no admite
mezcla de traidora mancha.
Hoy en su casa el virrey
me dijo —¡afrentosa hazaña!—
que por ser noble Ricardo
y yo de prendas más bajas,
no tenía obligación
de cumplirme la palabra.
Rabio de enojo en pensarlo,
¡pesia a sus soberbias armas!
¿Valen tanto como yo
cuantas adornan su casa?
¿Tuvo por dicha más bríos?
¿Alcanzó mayor pujanza
el primero que les dio
ese nombre en esas vanas
presunciones que conservan
lucidos cercos de plata?
¿Hallan más valor que el mío?
Responda el que más se alaba
de antecesores valientes.
Publique al mundo su fama
y verá si Nardo Antonio
es menos o le aventaja,

porque la nobleza, amigos,
ha de tener a sus plantas
a los que nacimos pobres.
¡Salgamos a la campaña
y ganemos nombre eterno,
conquistemos, si os agrada,
las provincias más remotas!
Veréis si valor me falta.
Ya sabéis que ha muchos días
que entre nosotros se traza
aquesta conjuración,
que la tuve dilatada
por pensar mejor suceso
de mis amorosas ansias.
Pero mirando perdidas
tan soberbias esperanzas,
la resolución postrera
que la ejecuto me manda.
Ésta noche con Gerardo,
varón ilustre, se casa
la que ha seis años que adoro
y dos que mía se llama.
Pero no permita el cielo
que llore ausente forzada
Leonarda, mi amor primero,
y que yo la deje el alma
para que un tirano dueño
vuelve de firmezas tantas.
Ésta ha de ser la primera
acción, amigos, gallarda,
que ha de despertar mi nombre,
voz que despierta mi fama.
De aquí ha de tener principio
la luz que hoy me levanta

para eternizar mi nombre
por lengua infame eclipsada.
No han de decirme otra vez
en Nápoles cara a cara
que desmerezco por pobre
lo que otros por ricos ganan.
En estas leyes del mundo
de altivo dueño fundadas,
la pobreza es noche oscura
de confusiones cercada,
horror afrentoso, lengua
que su misma sangre infama.
Pero seguidme y veréis
si mi valor despedaza
este monstruo que en el suelo
mendiga en puertas doradas,
donde en lugar de favores
altivos desprecios halla.
Si presumís que atrevido,
acrecentando arrogancias,
viéndome señor de tantos,
he de acrecentar borrascas
de caudalosas corrientes
en las lisonjeras plantas
que al apacible verano
risa y deleite mostraban,
muy engañados vivís.
No he de olvidar las gallardas
acciones de mis amigos
si por valerosas trazas,
nacidas de mis efectos,
todo el mundo sujetara.
Poned en este papel
vuestras firmas donde estampan

las suyas los que sabéis
que al abrir la puerta el alba
en el lugar señalado
emboscados nos aguardan.
Caudillo suyo me nombran,
y pues no ha de haber mudanza
en lo que habéis prometido,
escuchad lo que hoy os manda
el capitán más valiente
que rige familia honrada.
En Nápoles, Bastistela
mi compadre quede, y haga
oficio de doble espía,
que nos avise por cartas
los intentos del virrey,
pues tiene en palacio entrada,
Que de lo que se robare
tendrá segura la paga;
para asegurar mi vida
quede en escolta y guarda
a la puerta de Ricardo
esta noche Pedro Talla,
Leonelo, Roselo y Floro,
los mejores camaradas
que ha visto el Sol desde oriente
hasta que en el mar descansa.
Otros cuatro en el arquillo
porque por puente de tapia
no entre socorro a Gerardo,
ladrón de mis esperanzas.
En la calle de Toledo
con seis pistolas cargadas
quedarán los que nombrare
Bastistela. El resto salga

				al campo donde me espere
				hasta que en mis brazos traiga
				aquel Sol que limas de oro
				sobre Nápoles derrama.
				Y en breves años ostenta
				rigores que amor desata.
				¡Ea, amigos! Firmad todos.
				Solo os pido la palabra
				de que no habéis de ofender
				ningún soldado de España;
				que como español se nombre
				ha de tener puerta franca.
				Haréisle al que fuere humilde
				buen pasaje, el noble caiga
				a vuestros pies, dividiendo
				de su infame cuerpo el alma.
				La nobleza me ofendió
				que mis acciones ultraja
				contra su poder el mío
				recibe fuerzas; mas bastan
				las que tiene Nardo Antonio
				para asolar toda Italia.
				Favoreced mis intentos
				pues que tendréis, si os agrada,
				un rey con nombre de esclavo
				y un señor que os rinda parias.

Batistela			Yo he de firmar el primero,
				y en Nápoles quedaré.

Timbrio			Y [ser] el segundo [quiero].

Leonelo			Yo mi firma aquí pondré.

Roselo Y yo firmaré el postrero.

(Firman los cuatro.)

Batistela Toma, capitán valiente,
estas firmas que aquí están.
Toda es honrada tu gente.
Ganar el mundo podrán.

Nardo No está más de que lo intente.

Batistela En lo que quedo encargado,
presto el cuidado verás.

Nardo Eres, Bastistela, honrado.

Batistela Cada semana tendrás
indicio de mi cuidado.

Nardo ¿Quién sino tales amigos
tan bien por mi honor volvieran?

Batistela Son de tu valor testigos.

Nardo Si tan bien le conocieran,
temblaran mis enemigos.
 Ya la noche oscura viene.
Prevenir vuestras pistolas
y vuestras armas conviene,
pues sabéis que en ellas solas
mi honor esperanza tiene.

Batistela Seguro puedes estar.
Parte Nardo a tu venganza.

Timbrio	Procura Antonio sacar el bien que en tu amor alcanza, mayor sujeto de amar.
(Dentro Morón.)	
Morón	¡Abrid aquí!
Nardo	¿Si han llamado?
Morón	¡Abrid!
Nardo	¿Quién es?
Morón	La justicia.
Nardo	¿Si me han vendido, y airado alguno mi mal codicia?
Leonelo	Yo estoy muerto.
Batistela	Yo turbado.
Nardo	Las firmas meto en el pecho. No temáis. Mostrad valor.
Morón	¡Abrid, pues!
Batistela	Aquesto es hecho.
Nardo	Algún amigo traidor mis venganzas ha deshecho. ¡Vive Dios, que si os turbáis,

	que os he de matar.
Morón	¡Abrid!
Nardo	Si escaparos procuráis, lo que dijere decid.
Morón	¿Cómo en abrir os tardáis?
Nardo	Perdí tan noble ocasión.
Batistela	Abrid, pues.
Nardo	No me acobardo, aunque os muestro turbación. Abro la puerta. ¿Qué aguardo? ¡Entre! ¿Quién es?

(Sale Morón.)

Morón	Soy Morón. ¡Notable susto les di!
Nardo	¿Tal has hecho? ¿Estás en ti?
Morón	¿Hay blandura en los calzones? ¡De bronce los corazones volvieron de canequí!
Nardo	Estoy por darte la muerte, mas concédote la vida, pues mejoraste mi suerte que ya la juzgué perdida, temiendo trance más fuerte.

Morón	La ocasión imaginé
en que ocupados estáis,
como justicia llamé.
¿Por qué albricias no me dais
pues en Morón me torné?
¡Por Dios que no ha vuelto en sí!
¡Miren qué colores éstas!
Batistela	Confieso que las perdí.
Nardo	¿Por qué no me manifiestas
lo que hay de Leonarda? Di.
Morón	Dila tu papel.
Nardo	¿Lloró?
Morón	Más valor que tú mostró,
y me respondió arrogante
que te ha de servir amante
y estando en esto, llegó
su padre y el desposado.
Yo quedé muerto y turbado
pero Julia me llevó
y en un desván me metió
adonde estuve empañado.
Era el desván más estrecho
que en toda mi vida vi.
No he quedado de provecho;
pues de él con vida salí,
grandes mercedes me han hecho.
Por un agujero entré
y era tan corto el desván

	que afuera los pies dejé
y si preso no se van
yo me pierdo por el pie.
Boca abajo estuve allí
por no poder menearme,
y en aquel zaquizamí
temí que habían de matarme
dos mil arañas que vi.
Llegó Julia y por los pies
me sacó de allí arrastrando.
Limpióme muy bien; después
dejé su casa temblando
y llego como me ves.
Nardo	¡Ea, amigos! Esto es hecho,
para agora es el valor,
que hemos de vencer sospecho.
Batistela	Esto, español, tu rigor
sabrá guardar en el pecho.
Nardo	Sí, que nos hemos criado
juntos y sé que es honrado.
Batistela	Pues, alto. Vamos de aquí.
Morón	Ya te sigo.
Nardo	Ven tras mí,
que mi venganza ha llegado.

(Vanse. Salen Gerardo, Ricardo, Leonarda, Julia, Leonido, y músicos.)

Gerardo	Todo el tiempo que se tardan

                        se acreditan mis deseos.

Leonarda (Aparte.)   (Y el que tarda Nardo Antonio
                        sirve de lazo a mi cuello.)

Ricardo   Sin duda alguna que están,
                        hijo Gerardo, tus deudos
                        mil festines generosos
                        a tus bodas previniendo.
                        No tardan. Rinde al amor
                        parias de este breve tiempo.
                        Págase el tributo honroso
                        porque no hay amor sin miedo.

Gerardo   Dos años ha, mi Leonarda,
                        que por tus amores muero,
                        pero no he temido tanto
                        como agora que poseo.
                        Bien dicen que mezcla amor
                        el disgusto y el contento,
                        pues en las dichas me turbo
                        y en la posesión recelo.
                        Vuelve, Leonido, camina,
                        diles que aguardando peno.
                        Venga quien junte dos almas
                        en lazos de amor estrechos.

Leonarda (Aparte.)   (Por mucho que lo deseas,
                        mayor tardanza contemplo.
                        ¡Ay, si llegase de amor
                        el bien que penando muero!
                        ¿Cómo es posible que tarde,
                        sabiendo que adoro y temo?
                        Préstales, Amor, tus alas

	para que vuelen más presto.)
Gerardo	Leonarda, matarme intentas. No acrecientes más mi fuego que esos impulsos de amor son volcanes en mi pecho. Mucho me quieres, Leonarda, pues sientes lo que yo siento: que tarden culpas o amor los favores que te debo.
Ricardo (Aparte.)	(¿Quién vio tan grandes mudanzas? O el poder de amor es menos o Leonarda no le tuvo a aquél olvidado dueño.)
Leonido	Señor, ¿de Celia se olvidan los abrasados desuelos con que la mano le diste prometiendo casamiento? ¿Ya con diferente amor la has olvidado?
Gerardo	Di, necio. Celia, hija de un villano, Celia, que en traje grosero divirtió en aldea el gusto de este divino sujeto, ¿hacerla mi esposa quieres? Si bien de su amor me acuerdo, tendré en la ciudad mi honor y allá en el campo el deseo.
Ricardo	Sentaos y canten un poco.

	Divertiréis por lo menos
	con las dulces consonancias
	de estar aguardando el tiempo.
Leonarda	Su tardanza me atormenta.
Gerardo	Porque lo sientes lo siento.
(Cantan.)	
Músicos	«Dulces pasiones de amor,
	centro de mi pensamiento,
	no en balde a vuestro tormento
	llaman alegre dolor.
	Con razón tuve temor
	de engolfarme en vuestro mar.
	Suspenso estaba al entrar
	pero ya que dentro estoy
	o veré el puerto a que voy
	o me tengo de anegar.»
(Sale Nardo, con pistolas.)	
Nardo	Sin que nadie me lo estorbe
	he llegado a su aposento.
	La puerta tengo segura
	con los amigos que tengo.
	Aunque no me han convidado,
	hallarme en tus bodas quiero.
	Goce Gerardo. No goce,
	por si lo digo miento.
(Alborótanse.)	No se alborote ninguno.
	Esténse en sus sillas quedos
	hasta que cuatro palabras

                        le diga al señor mi suegro.
                        Él me dio mano y palabra,
                        obligado de mis ruegos,
                        de casarme con su hija
                        y a que me la cumpla vengo.
                        Si no, llevaré por fuerza
                        lo que de grado pretendo.
                        Esto es en suma. Responde
                        a mi pregunta o mi acero.

Ricardo   Con mi espada, Nardo Antonio,
                        la defenderé aunque viejo.

Gerardo   Villano, yo por Ricardo
                        que no la cumpla defiendo.
                        ¡Criados, matadle! ¡Muera!

Nardo   Eso será si yo quiero.
                        Ponte, Leonarda, a mi lado
                        y no temas mal suceso.

(Acuchíllanse, y Leonarda se pasa al lado de Nardo.)

Leonido   ¡Ay, que me ha muerto!
Otro   ¡Ay, de mí!

Leonarda   Todo lo va destruyendo.
                        Ya le vuelven las espaldas.
                        ¡Ay, Dios! Mi padre es muerto.
                        ¡Él vuelve! Que estoy turbada
                        y arrepentida confieso.

Nardo   Escapóseme Gerardo.

Leonarda Sin alma estoy.

Nardo Pierde el miedo.
No receles imposibles
cuando en mis brazos te llevo.

Fin de la primera jornada

Jornada segunda

(Salen el Conde, Gerardo, Batistela, y gente de acompañamiento.)

Conde   ¿Qué eso pasa, Gerardo?

Gerardo   De esta forma destruye las aldeas,
y aún se llama señor de algunos pueblos
después de aquel suceso
donde murió Ricardo.
De ti, señor, aguardo
que se ha de castigar tan grande exceso.
La noche desdichada
que perdí de Leonarda las estrellas,
de cuyas luces bellas
tengo el alma abrasada,
ya, señor, has sabido
que el escuadrón de amigos dividido
en defensa salió de Nardo Antonio.
Digo mal, de un Demonio
para tantas injurias desatado
cuyo valor osado
dio bien aquella noche testimonio
del ardor más terrible
que él cruel, invencible,
sustenta, de mis daños instrumento,
que confusión y llanto
por las calles, señor, escucharías;
pero auméntanse más las penas mías.
Ya tú has sabido cuanto
aquella noche hizo
el atrevido mozo
si bien amigos suyos
las esquinas guardaban,

que el paso detuvieron
de los amigos míos
que quisieron mostrar ardientes bríos,
pero con armas dobles los vencieron.
Yo a su rigor opuesto
con todos mis criados
estorbar procuré mi fin funesto,
murió Ricardo, Arnesto,
Leonardo, Julio y Floro,
robando aquel tesoro
de Nápoles más bello,
asiendo la Ocasión por el cabello,
suceso prevenido
de aquel amor fingido.
Salgo a la calle su valor temiendo,
y apenas en saliendo
pude mover los pasos
cuando a matarme llegan,
pero escapéme de sus fieras manos.
Al fin, este bandido
que a toda la nobleza
persigue, de sus lenguas afrentado,
quinientos forajidos ha juntado,
éstos sin los doscientos
amigos que de Nápoles sacaron
dobles armas, que hallaron
que como ejercitaban la milicia,
sacarlas previnieron
para el trance cruel que consiguieron.
Yo, señor, retirado
en una casería
cerca de un pueblo corto,
estaba de mis penas consolado,
que allí me divertía

viendo pacer el alba mi ganado,
cuando la tropa llega
de aquestos enemigos
y roban lo mejor del corto pueblo.
Yo mi casa despueblo
con toda mi familia,
temiendo sus rigores.
Dejan mis labradores
desierto el campo, y a contar me vienen
como quedan perdidas
las tierras más floridas
y que nuevos rigores nos previenen.
Los pueblos convecinos
dejan los más vecinos despoblados,
matan, destruyen, roban,
sin poder defenderse.
Unos dejan la hacienda en los collados
donde tienen labranza,
que más quieren perdella que perderse
quien su rigor alcanza.
Si es noble, muere, si es humilde deja
lo que lleva escondido,
pero si es español, premiado parte;
que aqueste nuevo Marte
amigable a españoles ha nacido.
De esta suerte parecen.
Remedie vueselencia aquestos daños
que cada día sin estorbo crecen,
pues tiene desengaños
en Marco Jara, de este reino asombro,
pues sin los muchos, que admirado nombro,
mayores los previene
porque si agora tiene
juntas en pocos días

sin alma tan valientes compañías.
Si el castigo dilatas,
llegará a ser señor de tantos hombres
que al conquistalle, su poder asombres.

Conde   ¡Qué quiso Nardo Antonio,
perdiendo mi amistad, dar testimonio
de infames pensamientos!
Pero, ¿por qué dilato
castigo que merece infame trato?
Gerardo, estad seguro
que vengaros procuro.
De Nápoles saldrán quinientos hombres
de tan valientes nombres que defiendan
los daños que pretendan
hacer los forajidos,
infame gente de hombre vil regidos.
Presto sus mal nacidos pensamientos
publicarán, a mi castigo atentos,
de la muerte homicida
el fin que les aguarda.
En Nápoles publiquen este bando:
«Diez mil ducados mando
a aquél que me trujere
la cabeza de Antonio
y perdón del delito que tuviere.»
Y para testimonio
de mayor diligencia, partan luego
y en todas las aldeas
de tan noble comarca,
publiquen mi rigor a sangre y fuego.
Quiero que presto veas
cómo corta la Parca
con su valiente filo

	aquel de estambre hilo,
	que inmortal se imagina.
	¡Batistela!
Batistela	¿Señor?
Conde	Luego camina.
	Darás clara noticia
	a cuantos ejercitan mi justicia,
	diles que luego a mi presencia vengan,
	ni un punto se detengan;
	que he de darles el modo
	para prender a Nardo
	que presume gallardo,
	aniquilarlo y deshacerlo todo.
Batistela (Aparte.)	(Antonio va perdido,
	y aunque juré ayudarle,
	ocasión de verle he pretendido.
	Diez mil ducados pierdo
	si de la fe que prometí me acuerdo.)
	Señor, vuestra excelencia
	mande quedarse solo, que le importa
	a cierta diligencia.
Conde	Bien puedes tú, Gerardo,
	partir a tu descanso sin recelo.
Gerardo	De ti mi honor aguardo.
	Guarde mil años tu persona el cielo.
(Vase.)	
Conde	¿Qué quiere, Batistela?

Batistela	Darte, señor, a Nardo Antonio preso.
Conde	¿Cómo?
Batistela	Cierta cautela intento, en tu promesa confiado. ¿Diez mil ducados mandas a quien lo prenda?
Conde	Sí, darélos luego.
Batistela	Yo sé muy bien la tierra donde reside Antonio. Con cincuenta soldados le prenderé si tu palabra cumples.
Conde	Los más ejercitados en los trances de guerra. Te daré, Batistela, si le prendes, diez mil ducados. Parte mientras que yo publico en Nápoles el bando. Y libertad a quien le prenda mando.
Batistela	Señor, esta cautela importa disponer.
Conde	Serás testigo del premio si me prendes mi enemigo.
Batistela (Aparte.)	(Avisaréle a Antonio que el virrey le amenaza, diez mil ducados dando a quien le prenda,

no porque intento que mi amor entienda,
sino porque se guarde
de algún traidor cobarde
que le prenda primero
y me quite el dinero;
que yo por su persona solicito.
No han de llamar servir al rey delito.)

Conde   Dispondrás, Batistela,
           de esta prisión el modo.

Batistela Tú verás que te sirvo
           con el mayor cuidado.
           Yo quedaré premiado
           con ventajas mayores.
           Los que sirven al rey no son traidores.

(Vanse. Dentro ruido de guerra. Salen muchos villanos huyendo de Nardo, acuchillándolos, y ellos se van.)

Beltrán   ¡Huye, Pascual, que es Demonio!

Nardo   ¿La cara volvéis, villanos?

Pascual   Razón es, pues que tus manos
           dan de un diablo testimonio.

Nardo   Déjalos, pues van huyendo,
           el lugar queda asolado.

Beltrán   Echa, Martín, por el prado,
           que van del bosque saliendo
              mil enemigos soldados.
           Guarda, Pascual, tu pollino

                    que está en el prado.

Pascual   Imagino
                    que nos dejan desollados.

(*Vanse los villanos.*)

Nardo   Vida trabajosa es ésta,
                    mas si extiendo mi poder,
                    Nápoles mío ha de ser,
                    pues que ya mi honor me cuesta.
                      Yo tengo ochocientos hombres
                    que se han juntado bandidos,
                    que gozan por atrevidos
                    de los más valientes nombres.
                      Todos dejarán las vida[s],
                    pues me tienen afrentado,
                    aunque no menos vengado
                    quedo de haciendas perdidas.
                      Solamente por los soles
                    donde me siento abrasar,
                    honrados han de pasar
                    los que fueren españoles.
                      De esa nación al valor
                    siempre aficionado he sido,
                    y si yo hubiera nacido
                    español, ¿qué más honor?
                      Son declarados leones
                    al son de la trompa y caja,
                    y al fin llevan la ventaja
                    a todas las más naciones.
                      Yo dilato mi poder
                    con rigurosas hazañas,
                    por estas nobles campañas,

después que las llego a ver.
Toda esta tierra disfruto
y llevados con amor,
me pagan como a señor
seis lugarejos tributo.

(Sale Leonarda muy bizarra, de corto vestido, y Morón, y sacan presos a Martín, Pascual, y Beltrán, labradores.)

Morón   Anden, pues, ¡cuerpo de Dios!

Martín   ¡Su merced tenga clemencia!

Morón   Hoy te traigo a tu presencia
villanos de dos en dos.

Nardo   Huélgome que los traigáis,
que estoy un poco enfadado.

Pascual   ¿Enojado? ¡Mal pecado!
Hoy la vida nos quitáis.

Nardo   ¿Haste cansado, Leonarda?

Leonarda   No, mi bien, nunca me canso.
Contigo siempre descanso.

Nardo   ¡Por Dios, que vienes gallarda!

Morón   Esténse quedos aquí,
que están hablando los dos.
Ya acabarán, y ¡por Dios!,
que se han de acordar de mí.

Leonarda	Como tu amor no consiente
	que en traje de hombre me vista,
	y es fuerza en esta conquista
	acompañar a tu gente,
	en hábito corto vengo.
Morón	Así pareces mejor.
	Mujer te quiere Amor.
Leonarda	A tu gusto me prevengo.
Nardo	Cánsanme a mí las mujeres
	que hábito de hombre se visten.
	En el de mujer consisten
	sus más bizarros placeres.
	Lo honesto admite corona
	en su mismo traje puesto,
	y jamás lo deshonesto
	en otro traje aficiona.
	No hay sainete para mí
	como unos bajos airosos.
	Por descubiertos medrosos
	siempre este gusto sentí.
	Ahora, bien cansada estás.
	Cerca está el alojamiento.
	Vete a descansar.
Leonarda	Si siento,
	es el no verte jamás.
	No luce el Sol a mis ojos
	si no te tengo presente.
	Causan las flores, ausentes,
	más que deleites, enojos.
	Y en vez de dulces sabores,

cuando en tu ausencia me veo,
pasa amor en mi deseo
desabrimientos mayores.
 No hay risa en arrojo o fuente
que divierta mi sentido.
Antes se juzga corrido
de su apacible corriente.

Nardo   Parte, mi bien, no remuevas
la llaga de amor que es tal
que a su remedio inmortal
mayores finezas debe.
 Vive amor en quien adoro,
que en acciones semejantes
que son siglos los instantes
que ausente padezco y lloro.
 Tú aumentas más mi poder,
pues cuando ausente me veo,
con mayor valor peleo,
solo por volverte a ver.
 Al ejército camina,
que yo no te traigo aquí
para pelear por mí
sino por deidad divina;
 y aunque te parezca loco,
cuando te miro en la tierra
en cualquier trance de guerra,
como a mi deidad te invoco.
 Que tanto te desigualas
a las mujeres del suelo
que te imagino del cielo,
valor de las diosa Palas.
 Ya pensamientos sutiles
cuando te miran no más,

	licencia de amarte das
con presunciones gentiles.
Leonarda	Siento mucho que aventures,
teniendo gente, tu vida.
Nardo	No la juzgues tan perdida
ni su deshonor procures.
Cien villanos en cuadrillas,
cuando con ellos me enojo,
hasta el cielo los arrojo
hechos menudas astillas.
Vete, pues.
Leonarda	Dame los brazos.
Nardo	Toma el alma. Llega al pecho.
¡Oh, lazo de amor estrecho,
finge eterno muchos lazos!
Leonarda	Como tú, Antonio, me des
la cabeza de Gerardo,
con muchos lazos te aguardo.
Nardo	Yo te la pondré a tus pies.
Leonarda	Con eso parto contenta.
(Vase.)	
Nardo	El alma llevas tras ti.
Morón	No se me aparten de aquí
hasta que les pidan cuenta.

Nardo	¡Ahora bien! ¿Quién son aquéstos?
Morón	Los más ricos del lugar.
Martín	Su mercé mos quiere honrar.
Morón	Solamente pueden éstos sustentar toda tu gente.
Nardo	¿Tú, quién eres?
Martín	El alcalde.
Nardo	¿El alcalde? Desatalde.
Martín	El cielo tu vida [a]umente.
Nardo	¿Y tú?
Pascual	Yo soy regidor.
Nardo	¡Lucida gente son todos! ¿Y vos, quién sois?
Beltrán	De mil modos soy en el lugar doctor.
Nardo	¿De mil modos? ¿De qué suerte?
Beltrán	Soy boticario, barbero, albéitar, doctor, y espero ser comadre.

Morón	¡Oficio fuerte!
Beltrán	Válenme poco las curas. Por eso los mato presto.
Martín	Y si no hay remedio en esto, hará de aquestas locuras dos mil; a mi suegra antaño en dos días la mató.
Nardo	En esa cura acertó.
Martín	Hízome notable daño, porque todos me temían sacando a mi suegra al lado, y si decía enojado: «¡Aquí de mi suegra!», huían.
Nardo	¿Qué dinero te valió esta muerte?
Beltrán	Cuatro reales.
Nardo	¿Cabales?
Beltrán	No eran cabales, un cuarto menos me dio.
Nardo	Que mal te pagaron, digo.
Martín	¿Cómo, señor? Esto niego.
Nardo	Más merece. Dalde luego cuatro fanegas de trigo.

Beltrán	Esa sentencia me alegra.
Nardo	Vos no debéis de pensar lo que le importa a un lugar que le maten una suegra. ¿Hay mucho trigo?
Pascual	Señor, de aquestos años de atrás poco cogido hallarás. Este año ha sido mejor.
Nardo	Decid cuánto tiempo habrá que matasteis esa suegra?
Martín	Más de un año en hora negra. y bien cumplido será.
Nardo	¿Veislo si lo digo yo? Todo el tiempo que vivía, poco trigo se cogía, pero así como murió se han mejorado los años.
Pascual	¡Pesia a tal! Tiene razón.
Beltrán	Era la suegra un Nerón. Murió y cesaron los daños.
Nardo	¿Tenéis alguna doncella en vuestro lugar?
Pascual	Ninguna.

Beltrán	Martín, tiene sola una
que el barón Gerardo mella.
La moza cumpl[ió] San Juan
cuatro meses de preñada.
Si ésta, señor, os agrada,
luego al punto os la traerán.
Nardo	¿Gerardo la tiene?
Martín	Sí.
Morón	Sí, señor, de cuando en cuando.
Nardo	Déjalos.
Morón	¿Estás hablando
con algún zamarro? Di.
Nardo	¿Adónde tiene Gerardo
esa mujer?
Martín	Señor mío,
él es un gentil jodío.
De ti mi remedio aguardo.
Aquí cerca de esta aldea,
vive en una casería
donde la deshonra mía
solo acrecentar desea.
Dos años habrá, señor,
que la dio con más intento
palabra de casamiento
porque le diese mi honor.
Llevóse al fin la rapaza

        y nunca se la cumplió,
y porque se la pidió
con su rigor la amenaza.
        Tiénela en lugar de amiga
sin que se case con ella,
duélete de esta doncella
con huesos en la barriga.
        Hazle, señor, que se case.
Así Dios te dé salud
que no es bien que la virtud
que tiene mi honor abrase.
        Dice que porque es villana,
no ha de casarse con ella,
siendo, señor, la doncella
más hermosa que doña Ana,
        la que es la mujer del Sol
que no quiere su belleza
igualar con mi pobreza.
Él es de infamia crisol.

Nardo
        ¡Ahora bien! Haced por mí
una cosa.

Martín
        Sí, haremos.
Nuestras palabras ponemos
de cumplirlo.

Nardo
        ¿Haréislo?

Todos
        Sí.

Nardo
        Pues esto que digo haced,
porque si no, he de quemar
de una vez este lugar.

Martín	Dígalo, pues, su merced; que lo harán de buena gana.
Nardo	Si me queréis por amigo, veinte fanegas de trigo cocidas cada semana por tributo habéis de darme para que mi gente coma.
Beltrán	Luego la palabra toma.
Nardo	Y para más obligarme, treinta cántaras de vino habéis de darme también.
Morón	¡Miren que añejo los den!
Martín	Que se cumpla determino.
Nardo	Todo lo demás me dan los demás lugares míos.
Morón	Muéstrale al lugar tus bríos.
Martín	Digo que lo cumplirán.
Nardo	Pues en premio, con Gerardo esta noche casaré a vuestra hija.
Martín	Seré, si tal hacéis, noble Nardo, vuestro esclavo.

Nardo	Cuando el Sol recoja su luz al mar, me podéis aquí aguardar.
Martín	Pienso que sois español, pues tal nobleza mostráis.
Nardo	Ese nombre envidio solo más que las obras de Apolo.
Martín	Pues que licencia nos dais, a nuestro lugar volvamos.
Nardo	Mirad que otra vez os pido que cumpláis lo prometido.
Martín	Sí señor, sí cumpliremos; pero mirad que os aguardo en el puesto que sabéis.
Nardo	Yo lo haré.
Martín	Pues si lo hacéis, será mi yerno Gerardo.

(Vase Martín.)

Nardo	En efeto, tengo ya que me amparen seis aldeas.
Morón	Que rey del mundo te veas mi propio gusto será.

Nardo   Encarecimientos deja.
Tú eres español leal.
Dime si algún desleal
de mi condición se queja.
 Ya sabes que te he mandado
que sirvas de doble espía,
que entre esta gente podría
algún altivo soldado
 viéndome tan gran señor,
envidiar mi buena suerte
y procurarme la muerte
por acrecentar su honor.

Morón   Siempre en todos conocí
una condición leal,
mas, si no sospecho mal,
cierto mozuelo hay aquí
 que se llama Pedro Talla,
que dejó en cierta ocasión
sospechoso el corazón.
En fin estos son canalla.
 Empezóme a murmurar
del estado en que te vías,
dando a las sospechas mías
a más recelos lugar.
 Procura, Antonio, saber
si ofenderte ha procurado.

Nardo   ¿Eso pasa?

Morón   Esto he pensado,
y aun lo he llegado a creer.

Nardo   ¿No es éste que viene?

Morón   Sí;
ten silencio.

Nardo   Si tendré,
que con engaño sabré
si quiso matarme a mí.

(Sale Pedro Talla.)

Pedro   Aquesta carta ha llegado
del compadre Batistela.
Mira, si importa, leeréla.

Nardo   En fin es amigo [honrado].

(Lee.)

Pedro «Diez mil ducados promete el virrey a quien trajere tu cabeza, y perdón de cualquier delito. Guárdate de Gerardo, que es el mayor enemigo que tienes, pues al virrey y a todos sus soldados incita para que te prendan o te maten. Recibe este aviso y avísame de tu salud.
Batistela»

Nardo   Gerardo rigor advierte.
Hoy nos veremos los dos,
y si porfía, ¡por Dios!
que ha de vengarme su muerte.
    De mi campo bien sé yo
que ninguno ha de venderme.

Pedro (Aparte.)   (Si hallo ocasión de atreverme
el primero seré yo.
    Premio de diez mil ducados

	asientan más mi cautela. Si de mí no se recela daré fin a mis cuidados.)
Nardo (Aparte.)	(De este tengo de saber si su traición es verdad.)
Pedro (Aparte.)	(Valor y necesidad poderosos han de ser.)
Nardo	Descansen los nobles bríos de mi escuadrón alentado, pues mala noche ha pasado en estos bosques sombríos. Tú, Pedro Talla, podrás aguardarme aquí; que espero cierta ocasión donde quiero que tú me ayudes, no más.
Pedro	A servirte me prevengo.

Nardo	Ya conozco tu valor.
	Cierta empresa de mi honor
	esta misma noche tengo,
	  y he de llevarte conmigo
	para vengar un desdén;
	que a tales casos es bien
	llevar tan valiente amigo.
	  Carga muy bien la pistola
	porque ha de haber ocasión
	y es buena la prevención.

Pedro	Basta a vengarte ella sola.

Nardo	Aquí puedes descansar, pues la noche no has dormido...
Pedro	Confieso que estoy rendido.
Nardo	...que yo te vendré a avisar al tiempo que el Sol se muestre.
Pedro	Así podré sosegar, pues me da el tiempo lugar de que la pistola apreste. De ti quedo agradecido, pues solo me has señalado para llevarme a tu lado.
Nardo	Tu valor he conocido. Quédate a Dios.
Pedro	Él te guarde.
Nardo (Aparte.)	Yo a llamarte volveré. (Con esta industria sabré si tienes valor cobarde.)
(Vase.)	
Pedro	No pudiera desear más apretada ocasión. Esta noche mi traición gozará tiempo y lugar. Diez mil ducados promete el virrey por Nardo. Aquí favorablemente así la Ocasión por el copete.

    Para agora es el valor;
quitarle tengo la vida
mal guardada y bien vendida
que asegura mi rigor
    que tiempo y lugar me den.
Cuando un hombre, si le agrada,
emprende una cosa honrada,
todo le sucede bien.
    Armada está la pistola,
mas porque mejor lo esté,
dos balas más echaré.
No lleve una bala sola.
    Cuando del bosque salgamos
tendrá lugar mi traición,
que es famosa la ocasión
entre estos soberbios ramos.
    Éste con soberbia loca
todo lo manda y deshace.
Bien es que su muerte trace
pues a venganzas provoca.
    Pretendo descanso, el fin
que llegue ya deseando,
y después en despertando
repasaré el polvorín.

(Échase a dormir, la pistola junto a sí, y sale Nardo.)

Nardo (Aparte.)   (Ya Pedro Talla estará
entre estas flores dormido
donde apacible sonido
pulsando el céfiro está.
    De estos enemigos míos
recelo alguna traición.
Yo quitaré la ocasión,

sirviendo al rey con mis bríos.
  Al virrey escribiré
me deje a Flandes pasar
donde al rey podrá importar
la gente que llevaré.
  Si capitán de caballos
me hiciere, le iré a servir.
Dejaré de conseguir
dar a mi valor vasallos.
  ¿Si estará dormido Pedro?
Ya lo está, pues no responde.
Pues que mi gente me esconde
este laurel y este cedro,
  desarmaré su pistola.
Industria valiente es ésta.
No hallará Talla respuesta
en esta pistola sola.
  Una, dos balas tenía,
¡cruel amigo, por Dios!
Si al valor de aquestos dos
matar a Nardo quería.
  ¡Por Dios, que hay segunda carga!
Otra bala ha prevenido.
  .... [-ido].
Intento traidor descarga
  mi brazo. Ahora bien tornemos
a cargarla con arena
si estaba de plomo llena.
Lleva también. Dejemos.
  Si éste me quiere matar,
presto lo podré saber.
Si quiere, no ha de poder
y yo le he de castigar.
  Ya queda muy bien cargada,

        en su lugar la pondré,
        y pues que el Sol no se ve,
        y la ocasión es llegada
          de ir a buscar a Gerardo
        que está quitando el honor
        a aquel pobre labrador,
        a quien dar remedio aguardo,
         yo le llamo. ¡Talla, amigo!)

(Despierta [Pedro] Talla.)

Pedro   ¡Oh, capitán! ¿Es ya hora?

Nardo   Si, amigo. Vamos; que agora
                  he de hallar a mi enemigo.
                     ¿La pistola está cargada?

Pedro   ¡Pesia a tal! Famosamente.
                  El polvorín solamente
                  prevengo.

Nardo   ¡Buen camarada!
                   Aquese río pequeño
                  pasaremos por un palo
                  que sirve de puente.

Pedro   Igualo
                  con la amistad que te enseño
                    la que recibí de ti.

(Aparte.)   (Dejaréle yo pasar
                  delante, y le he de matar.)

Nardo   (Si aquéste es traidor, aquí
                    lo he de ver.) He de ir delante.

Pedro   Pasa, capitán.

Nardo (Aparte.)   (Si tira,
adonde mi muerte mira,
se la daré en un instante.)
Ven tras mí.

Pedro   Ya yo te sigo.

(Tira y no da fuego sino en el polvorín.)

Nardo (Aparte.)   (Tiró.)
La ocasión erraste.
Donde mi muerte pensaste,
hallas la tuya, enemigo.

(Tira Nardo con otra pistola.)

Pedro   ¡Ay, que me han muerto!

Nardo   ¡Cayó!
En el río le echaré.
Con buena industria maté
a quien matarme pensó.
     Ya de éste traición no aguardo.
Vengué su infamia muy bien.
Para matarle también
voy a buscar a Gerardo.

(Vanse. Salen Gerardo y Celia, villana, Floro y Liseno.)

Floro   Sea su merced, señor,
a su casa bien venido.

Gerardo   El cuidado me ha traído
              de un bien encendido amor.
                 No hay gusto que me le dé
              como verte, Celia hermosa.
              Llamarte puedes dichosa
              cuando conoces mi fe.
                 Muéstrame los ojos bellos
              vertiendo de alegre risa
              pues mi grande amor te avisa
              que tengo mi gusto en ellos.
                 Ese velo peregrino
              de dos cielos adornado,
              cubierto me da cuidado.
              Desdeñoso le imagino.
                 Vuelve, vuelve luz al valle
              porque si adelante pasas,
              con mayor rigor le abrasas,
              alienta brío tu talle.
                 Porque juzgando rigores
              en esos de amor desdenes,
              el prado abrasar previenes,
              marchitar quieres las flores.
                 Esa luz de ardores rica
              abrasa el valle cubierta,
              pero si está descubierta
              mil favores pronostica.
                 Nuevo modo señorean,
              a ser increíbles pasan,
              pues que cubiertas abrasan,
              descubiertas lisonjean.

Celia   Esos requiebros, Gerardo,
              con que tus valores sumas

son del viento leve plumas.
No finjas amor gallardo
   quien despreciada me deja,
buscando ajena beldad,
quien dé gusto en la ciudad
dejando en el campo queja.
   No acierta brasas en hielos
de otro amor aficionado,
cuando sabe que ha dejado
en Celia ocasión de celos.
   El mayor fruto de amor
con engaños me llevaste,
pues si debiendo olvidaste,
¿para qué finges amor?
   Deleite el tuyo se llame,
que quieres gozar en mí,
para que cobre por ti
eterno nombre de infame.
   Mira si castiga el cielo
la palabra que me diste,
que porque no la cumpliste
pierdes tu mayor consuelo.
   Vete, vete a la ciudad,
donde tu amor se confirme,
que yo en mis rigores firme
olvido mi voluntad.

Gerardo   Celia hermosa, yo confieso
que libre amor presumí,
pero ya vuelvo de ti
con mayores lazos preso.
   No te parezca fingido
este pensamiento nuevo.
Ya sé que el alma te debo.

No puedo ser tu marido
  pero palabra te doy
que sin mudar la fortuna,
no lo he de ser de ninguna
pues que tuyo no lo soy.
  Más, mi Celia, estás honrada
cuando te adoro gallardo,
siendo amiga de Gerardo
que de un villano velada.
  Iguala al Sol mi nobleza,
blasón defiendo lucido
y quedará deslucido
si le igualo a tu belleza.
  Desaten tus ojos bellos,
mezclando de amor ensayos,
para que me abrasen rayos
y para vivir en ellos.

Celia
  Ello es rigor de mi suerte,
como te adoro te creo.
La mitad de mi deseo
cumple amor con solo verte.
  Bien el cielo me castiga.
Soy desdichada y dichosa
y ya que no de tu esposa
doyte la mano de amiga.

Gerardo
  Pastores, bajad al valle.
Haced de las bellas flores
corona a Celia, pastores,
corto premio de su talle.
  Prended, cuando perlas llora
el alba las aves bellas
para que le canten ellas

	como a más divina Aurora. Siéntate, Celia, llegad esas dos sillas aquí, y pues su rigor vencí, vengan, zagalas, bailad. Floro, de esas caserías llama las serranas bellas, porque participen ellas mis mayores alegrías.
Celia	Será darme celos.
Gerardo	Pues, alguna cosa contad. ¿No hay ninguna novedad en este valle después que a Nápoles me partí?
Floro	La que hay es este Demonio que le llaman Nardo Antonio.
Gerardo	Pues, ¿qué ha pasado? Decí.
Liseno	¡Hola, Floro, habla pasito, que no sabemos si escucha!
Floro	¿No veis que hay distancia mucha del suyo a aqueste distrito?
Liseno	¡Qué mal, Floro, conocéis a las paredes de hogaño!
Floro	Ya sé, aunque os parezca extraño, que es justo que os receléis.

79

Liseno	Este Nardo es adivino, y si lo llega a saber, en cruz no ha de poner.
Floro	¡Qué no hará!
Liseno	Sois peregrino.

(Dentro.)

Nardo	Aguardadme aquí los dos.
Gerardo	¡Hola, Floro! ¿Quién ha entrado?
Floro	No está el postigo cerrado.
Gerardo	Andad, pues. Cerradle vos.
Floro	¡El dimuño que allá salga!
Gerardo	Floro, andad. ¿Qué os detenéis?
Floro	Yo voy.

(Sale Nardo Antonio.)

Nardo	¡Tente!
Liseno	¿No le veis?
Floro	¡Santo Toribio me valga!
Gerardo	¿Quién eres?

Nardo	¿No me conoces?
Gerardo	¿Eres Nardo Antonio?
Nardo	Sí.
Gerardo	¿Que aun no me dejen aquí estos tus bríos feroces? 　Siempre en mis mayores gustos como tú en soberbia creces, Nardo Antonio, te apareces para causarme disgustos. 　Querrás a Celia quitarme como quitaste a Leonarda.
Nardo	Otra ocasión más gallarda pudo, Gerardo, obligarme. 　Vengo a casarte con ella. Palabra y honor le debes y hanme dicho que te atreves a no cumplilla y rompella. 　Que con ella te casases su buen padre me rogó, y Leonarda me pidió, Gerardo, que te matase. 　Por las leyes de mi amor quedé a matarte obligado; y a casarte lo he quedado por las leyes de mi honor. 　Palabra di de matarte, y de casarte la di. Esta vez las dos cumplí solamente con casarte.

>   Mi verdad puede advertirse
> con un lazo solamente,
> pues ya dicen comunmente,
> que es el casarse morirse.
>   Y no es fingido rigor
> si llega forzado el gusto
> porque el casarse a disgusto
> es la desdicha mayor.

Floro   Señor, de casar se trate.

Nardo   Callad, villanos vosotros.

Liseno   ¿Mas que nos casa a nosotros?

Floro   Mejor será que nos mate.

Gerardo   Nardo, advierte mi nobleza.

Nardo   ¡Qué engañada presunción!
                       Ese guardado blasón
                       no le mancha la pobreza.

Gerardo   Y no me puedo casar.

Nardo   ¿No puedes?

Gerardo   No.

Nardo   ¡Vive Dios
                       que he de casar a los dos
                       o los tengo de matar!
                          Probar tienen mi rigor
                       si segunda vez me enojan.

| | Casarse o morir. Escojan
lo que les está mejor. |
|---------|---|
| Celia | Yo, Antonio, casarme quiero
porque me debe mi honor. |
| Gerardo | Suspende, Nardo, el rigor.
Mira que soy caballero. |
| Nardo | ¿Diste la palabra? |
| Gerardo | Sí. |
| Nardo | ¿Débesla su honor? |
| Gerardo | También. |
| Nardo | ¿Amas? |
| Gerardo | Y siento el desdén. |
| Nardo | Pues, ¿qué te acobarda? Di. |
| Gerardo | La mancha de mi nobleza. |
| Nardo | ¿Por qué, cuando la engañaste,
esa mancha no miraste? |
| Gerardo | Cegóme allí su belleza. |
| Nardo | ¿Dúrate de amor el fuego? |
| Gerardo | Para deleite me dura. |

Nardo	Para deleite, procura
casarte con ella luego
o matarête, ¡por Dios!
Gerardo	Mi deshonor considera.
Nardo	En esa sala os espera
quien os despose a los dos.
Mira que resuelto estoy.
Elige, Gerardo, el medio.
Gerardo	¿No hay remedio?
Nardo	No hay remedio.
Entra a casarte.
Gerardo	Ya voy.
Nardo	Y advierte sin replicarme,
que me escribió cierto amigo
que busca como enemigo
ocasión para matarme.
Si es verdad, rigor tendré.
Detén en mi ofensa el paso
porque si agora te caso,
mañana te mataré.
Gerardo	Es verdad, pero en efeto,
de hoy más no quiero ofenderte.
Nardo	Que lo prometes advierte.
Gerardo	Sí, Antonio, yo lo prometo.

Fin de la segunda jornada

Jornada tercera

(Salen Nardo Antonio y Leonarda.)

Nardo   Enojada estás, Leonarda.

Leonarda   Rabio de enojo. Desvía.

Nardo   Mira que eres alma mía.
Vuelve los ojos. Aguarda.

Leonarda   No te escucho ni he de verte.
No me engañes. No te creo
pues no cumples mi deseo
dando a Gerardo la muerte.
   Ya con Celia le casaste.
A una villana cumpliste
la palabra y me rompiste
la que a nuestro honor juraste.
   Mas, ¿por qué, Antonio, te riño
por la muerte de Gerardo
cuando a mi lado gallardo
acero más noble ciño?
   Mi padre por él murió.
Dejo mi honor ofendido.
¿Por qué la muerte te pido
si puedo matarle yo?

Nardo   Cese el rigor, y dichosas,
con que al mundo maravillas
ésas del cielo mejillas
lluevan claveles y rosas.
   Alienta de amor despojos.
No temas, que estoy corrido.

| | Si Gerardo te ha ofendido, |
| | yo le mataré a tus ojos. |

Leonarda   Si ese presente me das
            por quien rigores padezco,
            tuya soy. El alma ofrezco.
            Pero, espérate; que hay más.
              De otra suerte me castiga
            tu rigor aunque te obligo,
            pues no te casas conmigo
            porque me llamen tu amiga.

Nardo   Si el no casarme te ofende,
            es porque valiente brío
            para el casamiento mío
            mayor aplauso pretende.
              Causas de honor determino,
            solo lo dejo de hacer
            porque el virrey venga a ser
            de nuestras bodas padrino.
              Presto de mis dichas todas
            se llegará el cumplimiento.
            Presto en Nápoles intento
            que se celebren mis bodas.
              Dame los brazos, ¡por Dios!,
            que recelaba perderte.

Leonarda   Si a Gerardo das la muerte,
            amigos somos los dos.

(Abrázanse.)

Nardo   Media legua está de aquí.
            ....

                        ....
                        ....
                        ....[-alle]
                        .... [-igo]
                        Tú sola vendrás conmigo.
                        A tus pies el alma halle.
                         Primero aguardar conviene
                         de Batistela el aviso.
                         Hoy el término preciso
                         de mi pretensión previene.
                          Por capitán de caballos
                          a Flandes quiero pasar.

Leonarda   Esos cargos suelen dar
                        a señores de vasallos.

Nardo   Esto al virrey he pedido
                        y pienso que lo ha de hacer.
                        Si no, verá mi poder
                        en toda Italia extendido.

(Saca Leonelo a un soldado español, muy roto [y] maniatado.)

Leonelo   Ande el bergante.

Soldado   Quedito,
                        señor soldado de bien.

Leonelo   Haréle matar también.

Soldado   No he cometido delito.

Nardo   ¿Quién sois que mostráis valor?

Soldado	Soldado español.
Nardo	Quitad. Las manos le desatad.
Soldado	Estimo tan gran favor.
Nardo	¿No os tengo mand[ad]o yo que al que es español dejéis, pues quien le ofende sabéis que a mi propio me ofendió? Ahora bien, ¿adónde vas?
Soldado	A España.
Nardo	Largo camino. Ayudarte determino. Muy roto y muy pobre estás; mas porque des testimonio de quien soy, vestirte quiero. Di en España lo que os quiero.
Soldado	Dame tus pies, Nardo Antonio.

(Sale Morón, con Rufino, mercader, atado.)

Morón	Ande el villano. Camine.
Nardo	¿Que es eso, amigo Morón?
Morón	Italiano socarrón, que ha de morir imagine. Este italiano, señor, que viene agora de España,

	le topé en esa montaña, y le prendí con valor.
Nardo	¿Eres italiano?
Rufino	Sí.
Nardo	Fue el prenderle grande hazaña. ¿De adónde vienes?
Rufino	A España habrá dos años que fui. Pasé pobre y ya, señor, como a trabajar me aplico, a mi patria vuelvo rico. Puedo decir con honor.
Nardo	Buen vestido.
Rufino	Bien ganado es por lo menos, señor.
Nardo	Pienso que será mejor dársele a un pobre soldado. Desnúdate tú, español. .... [-ano] Truequen vestidos.
Soldado	Yo allano el mío a la luz del Sol.
Morón	Eche abajo los calzones, que ha de trocarlos también.

Rufino	¿Señor?
Morón	Luego, me los den.
Rufino	¿Quién vio mayores leones?
Morón	Presto pues, que se resfría el español.
Soldado	Yo ya doy mi vestido.
Rufino	Muerto soy.
Morón	Tome, camarada mía, y vístase.
Soldado	Dios le guarde.
Morón	Soy español. ¿No lo ve?
Soldado	Luego en ello reparé.
Morón	No sería en lo cobarde.
Nardo	Agora que están vestidos, ¿qué dineros traéis?
Rufino	Señor, son de muy poco valor.
Morón	Mas que los tiene escondidos.
Rufino	Una mula me han quitado.

Morón	Allí los dineros van. Si ellos en la mula están, no ha de faltar un cornado.
Nardo	La mitad de lo que hubiere a aqueste español daréis, y la mula.
Rufino	Pues, ¿no veis...
Morón	No replique.
Rufino	¿Qué hay que espere?
Nardo	¿No te dejo la mitad del dinero?
Rufino	Pues, señor, ¿y la mula?
Morón	¡Qué hablador!
Nardo	Quitádsele luego. Andad. El español va muy lejos y tú a tu tierra llegaste. Pues con la vida quedaste, no te quejes.
Morón	Dos pellejos he menester de italianos, para echar vino, señor. Éste parece mejor. ¿Mataréle?

Nardo	Ten las manos. Dame los brazos, soldado español.
Soldado	Tus plantas beso.
Nardo	Vete con Dios.
Soldado	¡Gran exceso!
Morón	Anda, pues.
Rufino	Estoy turbado.

([Vase el Soldado]. Sale Montilla.)

Montilla (Aparte.)	(Aquél es el capitán.)
Nardo	Un hombre corriendo viene.
Montilla (Aparte.)	(Buen suceso me previene. La mujer me volverán.)
Nardo	¿Quién eres?
Montilla	Un español de tu escuadrón agraviado. Bajando de aquel collado que adorna la luz del Sol, con una mujer que llevo a España, seis atrevidos soldados, bien prevenidos para un agravio tan nuevo

	en nombre español, llegaron
y la mujer me pidieron.
Defendíla; mas vencieron
y en fin me la quitaron.
Nardo	¿Y conoceráslos?
Montilla	No.
Uno de ellos conocí
que lo llamaban así
Roselo. Éste me agravió.
Éste llevó la mujer.
Nardo	Llamad a Roselo.
Leonelo	Voy.

(Vase.)

| Nardo | Por el Sol que viendo estoy,
que la vida ha de perder.
¡Qué ofendan, si estimo tanto,
a un español! ¡Vive Dios! |

(Salen Leonelo, Roselo y Timbrio.)

| Roselo | ¿De mí se quejó? |
| Leonelo | De vos. |
| Roselo | De su rigor no me espanto.
¿Llamas, capitán? |
| Nardo | ¿Es éste? |

Montilla	El mismo.
Nardo	Roselo, amigo, hoy mi deshonor castigo porque la vida te cueste. Quiero que adviertan en ti que el que quitan con rigor a un español el honor quiere quitármelo a mí.
Roselo	Ya sabes que amor es ciego. Vi la mujer y quitéla. En ti esta misma cautela haber disculpa llegó. Yerro que tú cometiste, ¿no disculpa?
Nardo	¡Oh, enemigo! Alcánzate mi castigo. Pues ofenderme quisiste, de este roble le colgad antes que muera a mis manos.
Roselo	¡Escucha, Nardo!
Nardo	Villanos, ¿no le lleváis? ¡Acabad! Cien escudos te darán, español.
Montilla	Tus manos beso.
Nardo	Ser vuestro amigo profeso.

	La mujer te volverán. Preguntarás por Leonelo. Dale este anillo, y dirás que despache.
Montilla	Tendrás eterno nombre en el suelo.

(Sale Morón con una carta.)

Morón	La espía de Batistela aquesta carta me dio.
Nardo	Bien su cuidado mostró que mi amistad le desvela.

(Lee.) «Agora verás, Antonio, lo que vale un buen amigo. El virrey viene en todo lo que pides. Para que se asienten las condiciones ha mandado se divida el camino por las inquietudes de tus soldados. Y también porque tú escribes que te recelas de alguno de ellos, yo con el secretario del virrey te aguardo en la casería de Aurelio que está media legua de tu gente y una de Nápoles. Ven solo y seguro de mi amistad.
    Batistela»

	Este aviso deseaba.
Leonarda	Juntos iremos los dos.
Nardo	No, Leonarda. ¡No, por Dios!
Leonarda	Por mí lo has de hacer. Acaba.
Nardo	Todo está cerca. A Gerardo de camino mataré.

	Luego a nuestra paz iré.
Leonarda	Eres valiente y gallardo.

(Vanse y salen Gerardo, Celia y Floro.)

Floro	¿No se muestra divertido en esta selva nuestro amo?
Gerardo	Su verdor disgusto llamo.
Floro (Aparte.)	(Cabizbajo, ya marido, anda el pobre desde el día que con Celia se casó. Al punto la aborreció y de hablarla se desvía.)
Celia	¿Tanto, Gerardo, te ofendo después que tu esposa soy?
Gerardo	Créeme que en mí no estoy desde aquella noche entiendo.
Celia	Pues, ¿en qué te desagrado?
Gerardo	Con ese traje grosero me matas. Penando muero.
Celia	Eso no te dé cuidado, cortesano le traeré.
Gerardo	Fáltate el aire y el brío.
Celia	Pues agrádate del mío.

Gerardo   No es posible. No podré.

Celia   No te agrada la llaneza
con que verdad te convida.
Olvidas por la fingida
una natural belleza.

Gerardo   Fuego soy cuando imagino
que después que de Leonarda
perdí una beldad gallarda,
perdí un cielo cristalino.
Que en las dos letras de un sí,
quiso contra tu despecho
amarme con lazo estrecho
cuando la mano te di.
Por grosera flor del suelo
perdí alentada hermosura,
el clavel de grana pura
o carmesí terciopelo.
Perdí el jazmín que en el suelo
copos de nieve retrata,
cuando el invierno desata
el blanco algodón del cielo.
¡Pluguiera al cielo llegara,
pues tanto disgusto enseño,
Nardo, de este lazo dueño,
y la vida me quitara!
El día que el lazo fuerte
me forzó Antonio que hiciera,
¡Pluguiera a Dios que me diera
por no casarme la muerte!
Perdí el alma. Perdí el gusto.
Tengo el corazón forzado.

>   No me atormentes, cuidado.
>   Déjame, rigor injusto.
>   Pero presto de un tirano,
>   que contigo me casó
>   pienso vengarme, que yo
>   aunque di palabra y mano
>   de no ofendelle, alcancé
>   que le maten o le prendan.
>   Muerto Antonio, haré que entiendan
>   que forzado me casé
>   si no es que pierdo la vida.

Celia   No la pierdas. Vete luego.

Gerardo
>   Hielos puso a tanto fuego
>   una voluntad vendida.

(Sale Liseno, pastor, e Ibáñez.)

Liseno
>   Señor, desde aquel cerrillo
>   a este Demonio de Nardo
>   he visto.

Gerardo   Mi muerte aguardo.

Liseno   Corriendo vengo a decillo.

Gerardo   ¿Viene solo?

Liseno
>   Una mujer
>   con él, señor, descubrí.

Gerardo
>   Armas de fuego temí,
>   no de su espada el poder.

	Ver que vuestras fuerzas solas
no me pueden ayudar,
me dan más que recelar
el fuego de sus pistolas.
Yo confieso que he temido.
Ya los veo. Estoy turbado.
Celia	En aquel olmo copado
de verdes hojas vestido,
puedes, Gerardo esconderte.
Gerardo	La palabra que le di
de ser su amigo rompí,
y él viene a darme la muerte.
Con dos serranos no más
mal me podré defender.
Liseno	¿Cómo, si los vi traer
treinta pistolas y más?
Gerardo	Toma esta capa y espada,
Floro; que puede estorbarme.
Arbol, sabed ocultarme.
Floro	Mi muerte ha sido llegada,
Liseno.
Liseno	Yo estoy turbado.
Floro	Aquí a matarnos vendrá.
Liseno	Bien poca razón tendrá.
Floro	Aun bien, que yo soy casado.

Celia	Ya llegan. Temblando estoy. Recelo, esposo, tu muerte.
Floro	Hoy me empala, triste suerte.
Liseno	Yo tiemblo. De hielo soy.
Celia	No digáis que le habéis visto si preguntare por él.
Floro	No diremos.
Liseno	Si él, cruel, lo pregunta, no resisto. Yo le digo la verdad.
Celia	Ya se apea.
Liseno	¡Grande exceso!
Celia	Que estoy turbada confieso.
Floro	¡Qué extraña temeridad!

(Salen Nardo y Leonarda.)

Nardo	¿Qué hacéis, villanos, aquí? ¿Qué es de Gerardo?
Celia	Señor, temblando estoy de temor.
Nardo	Yo con vosotros le vi.

	Decidme dónde se fue.
Floro	No sabré dalle respuesta.
Nardo	Apartad. ¿Qué capa es ésta?
Floro	Yo, señor, se lo diré.
	Del lugar soy pregonero;
	para vender me la han dado,
	y aunque más la he pregonado,
	no me dan ningún dinero.
Nardo	¿Y aquesta espada?
Leonarda	Sospecho
	que Gerardo se ha escondido.
Floro	A venderla la he traído.
	Hágale muy buen provecho.
	Llévela el señor don Nardo
	que yo el dinero daré.
Leonarda	Yo a Gerardo buscaré.
Nardo	Que le hemos de hallar aguardo.
	Aquí con estos estaba.
	En algún árbol se esconde.
Leonarda	¿No sabes tú de él? Responde.
	Dímelo, villana. Acaba.
Nardo	¿Qué bulto es aquél.
Celia	¿Qué espero?

Leonarda	[Dime, ahora], ¿dónde está?
Nardo	¿En aquel árbol?
Floro	Será, señor Nardo, algún jilguero.
Nardo	Gran pájaro es el que miro.
Floro	Algún jumento será que se habrá subido allá.
Leonarda	Tírale, pues.
Nardo	Ya le tiro.
Celia	¡Tente, por Dios!

(Dispara y hace ruido dentro como que cae.)

Gerardo	Muerto soy.
Celia	¡Ay de mí!
Leonarda	Quita, villana. Hoy beberé sangre humana que sedienta de ella estoy. No hay fugitivo cristal que más me apague la sed. Llegad, vosotros, bebed de este deshecho coral.

(Hace que bebe.)

Celia	¡Qué rigor!
Leonarda	¿Qué te lamentas? Es él que pierde solo. Tú con Pascual o Bartolo dejas tus ansias contentas. 　Busca, villana, tu igual. No te congojes así.
Nardo	Llevad ese hombre de ahí.
Floro	¿Quién vido rigor igual?
Nardo	Llevadle de aquí los dos.
Liseno	Turbado estoy.
Nardo	¿No llegáis? Villanos, ¿de qué os turbáis?
Liseno	Asid de los brazos vos.
Leonarda	Ve tú con ellos, villana.
Celia	Quíteos el cielo la vida.
Leonarda	Ésta adoraba.
(Llévanlo.)	
Nardo	Perdida.
Leonarda	Vi su voluntad tirana.

[Por ti, Nardo Antonio, llego]
a vengar mi enojo así.
Como su sangre bebí
ya se ha aplacado mi fuego.

Nardo   La quinta donde me aguarda
Batistela es la que veo.

Leonarda   Cumplió mi amor su deseo.

Nardo   Sube a caballo, Leonarda.

(Vanse. Salen Batistela, un Capitán español y gente.)

Batistela   Como digo, capitán,
pueden quedar emboscados
a la entrada de ese soto,
porque si trajere Nardo,
sospechando mi traición,
algunos de sus soldados
puedan hallar resistencia...
si bien está confiado
de mi amistad. Y lo dudo
porque él es tan temerario
que, aunque estuviera muy cierto
de la traición que le hago,
más que de toda su gente
confiara de sus brazos.
A la puerta de esta quinta
en un aposento bajo
pueden estar escondidos
ocho, los más alentados.
Uno a la puerta le aguarde
cauteloso y desarmado,

	porque no le dé sospechas
	con que esta ocasión perdamos.
	En preguntando por mí,
	encamínenle a este cuarto.
	Tú, capitán valeroso,
	que eres español bizarro,
	con cuatro soldados tuyos
	como tu pecho esforzados,
	en aquese corredor
	podéis estar aguardando.
	Y cuando oiréis que [yo] digo:
	«Date a prisión», con los lazos
	que tenemos prevenidos
	le ataréis los pies y manos.
	Porque si lugar le dais
	para reñir, abreviando
	el término de las vidas
	hará tan mortal estrago
	que cuando a prender le lleguen
	queden los más en el campo
	en breve espacio de tierra
	heridos y desangrados.
Capitán	Ya el soto guarda por Celio
	con veinte amigos honrados
	porque si trajeron gente
	puedan impedirle el paso.
	Veinte bastan que el camino
	por medio de dos peñascos
	rompe, y está tan estrecho
	que veinte pueden guardarlo.
	Aurelio con otros ocho
	guarda la puerta. Torcato
	con sus tres amigos guarden

| | el corredor. A mi lado
todos cuatro son valientes. |

| Batistela | Advertid, pues, que en llamando
salgáis, que si no salís,
es tan astuto y osado
que podrá darme la muerte
y escaparse de mis manos.
Yo conozco bien sus fuerzas,
por eso estoy recelando
que si no asistan presto,
hallaré en su acero el pago
de ser desleal amigo. |

| Capitán | Bien puedes perder cuidado.
Al punto que tú dijeres:
«Date a prisión», ayudando
tan deseada ocasión,
los has de hallar a los cuatro.
¿Qué falta agora? |

| Batistela | Que avise
Leonido, que está en lo alto
de esta casa, descubriendo
en los dilatados campos
a Nardo Antonio si viene
solo o viene acompañado. |

| Capitán | ¡Buena prevención! Al punto
que lo prendan, un caballo
reventaré hasta llegar
de Nápoles al palacio
donde las dichosas nuevas
el virrey está aguardando. |

(Sale Leonelo.)

Leonelo   Ya viene.

Batistela   ¿Solo?

Leonelo   Dos son
los que he descubierto. Entrambos
vienen a caballo.

Batistela   Amigos,
ya la ocasión ha llegado.

Capitán   ¡Ea, soldados! Al puesto.
¿Entrarán los dos?

Batistela   Abajo
pueden detener al uno.
Solo Antonio suba. Cuanto
recelo que divertidos
y de mi voz descuidados
no me habéis de oír.

Capitán   Sí, haremos.

(Vanse.)

Batistela   Yo quedo con gran cuidado.
Desleal amigo soy
pero soy leal vasallo.
Valiente es Antonio. Temo
que no me han de oír los soldados.
¡Ce, ce!

(Sale el Capitán.)

Capitán   ¿Qué hay?

Batistela   No se descuiden.

Capitán   No haremos.

(Vase.)

Batistela   Estoy temblando.

(Dentro Nardo.)

Nardo   Aguarda, Leonarda, aquí.
Luego subirás.

Leonarda   Ya aguardo.

Batistela   ¡Capitán!

(Sale el Capitán.)

Capitán   Diga.

Batistela   Ya sube.
No se duerma.

Capitán   ¡Extraño aviso!
Todos están sobre aviso.

Batistela   Calle y éntrese.

Capitán	Ya callo.

(Vase.)

Batistela	El hacer una traición
mucho acobarda. Yo caigo
en deshonor con mi amigo.
Lo que con él pierdo, gano
con el rey, dándome en premio
por Nardo diez mil ducados.
Mucho puede el interés,
por él le pierdo y le mato.
Ya le veo. Disimulo
aunque al verlo me acobardo.

(Sale Nardo Antonio.)

Nardo	Con algún recelo vengo;
que pienso, si no me engaño,
que al subir esta escalera
He sentido algunos pasos
que no son de un hombre solo.
Quizá serán los criados
del secretario del conde.
Si no lo fueren yo basto
para matarlos a todos.
Estuve determinado
de volver, ¡vive Dios!
Pero fuera hacer agravio
a mi valor en mostrar
cobardía. No me espanto.
Aunque cien mil me acometen,
por todos vale este brazo.
No consentí que Leonarda

	se apease del caballo hasta que yo la avisase. Éste dicen que es el cuarto a donde está Batistela.
Batistela	Llegaré disimulado y le prenderé. ¿Quién es?
Nardo	Nardo Antonio.
Batistela	¿Amigo?
Nardo	Hermano, dame tus brazos.
Batistela	Recibe de un buen amigo estos lazos. ¡Agora, amigos!
Nardo	¿Qué es esto?
Batistela	¡Prendedle!
Nardo	¡Suelta, villano! ¿Con traición me aguardas? ¡Muera!

(Abrázanse y forcejan, y cae abajo Batistela, y Nardo le da una puñalada.)

Batistela	¡Amigos!
Capitán	¡Salid, soldados!

(Salen todos.)

Nardo	La pistola me dejé en la muerte de Gerardo.
Capitán	Si no quieres hoy morir, date a prisión.
Nardo	Lleva rayos mi espada. Será imposible.
Capitán	Acudid, presto. Matadlo.
Nardo	Huye, Leonarda, que yo presto de matar acabo esta canalla. ¡Ah, traidores! ¡Tantos os habéis juntado! Pero, ¿Qué digo, si yo valgo solo más que tantos?
Capitán	Matadle si no se diera. Cierra la escalera Octavio. No se nos baje por ella.
Nardo	Confieso que estoy cansado. ¡Oh, perros! ¿A Nardo Antonio? ¡Válgame agora este salto!

(Hace que se arroja.)

Capitán	Por la ventana saltó. Abrid la puerta volando. Seguidle. No se nos vaya.

(Vanse. Sale por una puerta Nardo Antonio, lleno de sangre y como que se ha quebrado una pierna, arrimándose en la espada.)

Nardo   Una pierna me he quebrado.
Escaparme es imposible.

(Salen todos.)

Capitán   Ríndete, Antonio.

Nardo   Es en vano,
pero no puedo, ¡por Dios!

(Pelea y hace que se cae y se defiende.)

Capitán   No lo maltratéis. Dejadlo.
Muestra la espada.

Nardo   ¿La espada?

Capitán   La espada.

Nardo   ¿Hay algún soldado
español entre vosotros?

Capitán   Yo lo soy.

Nardo   A ti la allano.
¿Español eres?

Capitán   Sí, soy.

Nardo   Toma la espada y mis brazos.
¡Ah, españoles! ¡Lo que os quiero!

Capitán	¡Por Dios, que me obliga a llanto!
Nardo	Castigo del cielo ha sido. ¿Y Leonarda?
Capitán	Mis soldados fueron tras ella corriendo, y aun pienso que la alcanzaron.
Nardo	Mírame, español, por ella, pagarásme en esto cuanto por los españoles hice, nación de pechos hidalgos.
Capitán	Llevadle que se desangra. Antonio, pierde cuidado. Yo la sabré defender.
Nardo	En ella mi honor te encargo. Eres español en fin. No recelo doble trato.

(Vanse y sale el [Conde], virrey, y Valerio.)

Valerio	Seguro esté vueselencia que preso le han de traer.
Conde	Temo que no han de poder porque no ha de dar licencia el valor que he conocido en Antonio desde el día que entré en Nápoles.

Valerio	Podría
haberle agora perdido.
Conde	Si le prende no entrará
en la cárcel. Desde aquí
su castigo prevení
y justa muerte será.
Si es que prenden a Leonarda,
en lazo de amor contento
que su muerte y casamiento
hoy en Nápoles le aguarda.
Dicen que Nardo previno
y aun a mí me lo rogó
que en Nápoles fuese yo
de aquestas bodas padrino,
y aunque con mayor honor
quiso que en ellas le honrase,
razón será que se case
como quiso su valor.
Valerio	Mucho tarda el capitán.
Conde	Yo le mandé que corriese
un caballo y me trajese
las nuevas.
Valerio	Dando estarán
el modo de su prisión.
Conde	Soldados valientes lleva.
De buena o de mala nueva
aguardo resolución.
Diez mil ducados le vale
la prisión a Batistela.

Valerio	Es ingeniosa cautela.
Conde	Si con sus ardides sale descansado ha de vivir.
Valerio	Favor valiente le aguarda.
Conde	Todo lo que Antonio tarda se le dilata al morir.

(Sale el Capitán.)

Capitán	Con el premio y las albricias déme los pies vueselencia, preso viene Nardo Antonio. Ya, señor, cesó la guerra de un poderoso enemigo. Seguir de vidas ajenas cuyas furiosas ruínas hoy tus soldados lamentan. Y a manos de su rigor murió, señor, Batistela. De una sala donde estaba cerramos todas las puertas, pero saltó valeroso por una ventana de ella. De la soberbia caída quedó rompida una pierna, y a mí, por ser español, me rindió la espada fiera. Encargándome a Leonarda, que también te traigo presa, aunque fue menester mucho

	para alcanzalla y prendella.
	Porque en un veloz caballo
	vencidos los vientos deja
	huyendo nuestro rigor.
	Pero por incultas sendas
	tus soldados la atajaron,
	ya pienso, señor, que llegan
	que la confusión del vulgo
	hasta aquestas salas entra,
	mezclando los más conformes
	con el gusto las ternezas.
Conde	Bien merecéis las albricias
	y el premio os daré con ellas,
	que a Batistela aguardaba
	por tan grande diligencia.
Capitán	Beso tus pies.
Conde	Estos brazos
	principio del premio sean.

(Salen soldados. Sacan presos a Nardo y a Leonarda, atadas las manos.)

Capitán	Ya llega Antonio.
Conde	¡Por Dios,
	que de su valor me pesa!
Nardo	Hecho pedazos, señor,
	hoy a vuestras plantas llega
	un hombre honrado, vendido,
	por una amistad incierta.
	Yo sé que vengo a morir,

y que la mejor ofensa
merece mayor castigo.
Solo pido a vueselencia
que con piedad española
de mi Leonarda se duela.
Pues la traen tus soldados
y en cada prisión de aquéllas
me tienen cautiva el alma,
que se las quiten ordena.
Muera yo, Leonarda viva,
ya conoces su nobleza,
forzada vino conmigo,
no ha de pagar su inocencia
lo que merecen mis culpas.
Su perdido honor remedia.
¡Ea, español valeroso,
muestra piedad y clemencia!
¡Viva Leonarda y en mí
lluevan castigos y penas!

Conde   ¡Por Dios, que me han enternecido!
Sabe el cielo que quisiera
perdonar a Nardo Antonio.
Sus delitos no me dejan.
Con ella seré piadoso,
porque Antonio me lo ruega.
Ahora bien. ¡Por Dios! Que tiemblo
el pronunciar la sentencia.
Pues los dos no están casados,
quiero que sus bodas sean
dentro de palacio, honrado
con mi persona esta fiesta.
Cumpliréle Nardo Antonio
a Leonarda su promesa,

luego perderá la vida.
Nardo, pondrán su cabeza
para escarmiento de tantos
forajidos en la puerta
de la calle de Toledo.
Leonarda, quiero que tenga
fin religioso, ayudando
para su dote mi hacienda.
La Concepción Española
será su cárcel perpetua.

Nardo Déjame besar tus pies,
solo un español pudiera
hacerme favor tan grande.
Ya Leonarda viva quedas.
Dame tus brazos y al cielo
a Nardo Antonio encomienda.

Leonarda No puedo sufrir el llanto.
Morir contigo quisiera.

Nardo Ni yo puedo responderte,
que tengo atada la lengua.

Conde Llevadlos; que me enternecen
porque dichoso fin tenga
la vida de Nardo Antonio
que hoy agradaros desea.

Fin de la comedia

Libros a la carta

A la carta es un servicio especializado para
empresas,
librerías,
bibliotecas,
editoriales
y centros de enseñanza;
y permite confeccionar libros que, por su formato y concepción, sirven a los propósitos más específicos de estas instituciones.

Las empresas nos encargan ediciones personalizadas para marketing editorial o para regalos institucionales. Y los interesados solicitan, a título personal, ediciones antiguas, o no disponibles en el mercado; y las acompañan con notas y comentarios críticos.

Las ediciones tienen como apoyo un libro de estilo con todo tipo de referencias sobre los criterios de tratamiento tipográfico aplicados a nuestros libros que puede ser consultado en Linkgua-ediciones.com.

Linkgua edita por encargo diferentes versiones de una misma obra con distintos tratamientos ortotipográficos (actualizaciones de carácter divulgativo de un clásico, o versiones estrictamente fieles a la edición original de referencia).

Este servicio de ediciones a la carta le permitirá, si usted se dedica a la enseñanza, tener una forma de hacer pública su interpretación de un texto y, sobre una versión digitalizada «base», usted podrá introducir interpretaciones del texto fuente. Es un tópico que los profesores denuncien en clase los desmanes de una edición, o vayan comentando errores de interpretación de un texto y esta es una solución útil a esa necesidad del mundo académico.

Asimismo publicamos de manera sistemática, en un mismo catálogo, tesis doctorales y actas de congresos académicos, que son distribuidas a través de nuestra Web.

El servicio de «libros a la carta» funciona de dos formas.

1. Tenemos un fondo de libros digitalizados que usted puede personalizar en tiradas de al menos cinco ejemplares. Estas personalizaciones pueden ser de todo tipo: añadir notas de clase para uso de un grupo de estudiantes, introducir logos corporativos para uso con fines de marketing empresarial, etc. etc.

2. Buscamos libros descatalogados de otras editoriales y los reeditamos en tiradas cortas a petición de un cliente.

www.ingramcontent.com/pod-product-compliance
Lightning Source LLC
Chambersburg PA
CBHW032040040426
42449CB00007B/964